Melanie Reißig

Mellis Positive Tipps

Kleine Ideen, um jeden Tag etwas glücklicher zu werden.

© 2021 Melanie Reißig

Autorin:	Melanie Reißig
Fotos:	Tim Reißig
Satz/Umschlaggestaltung:	honigbart®, Jürgen Schulz
Verlag:	Erfolgshoch Verlag (Inh. Daniel Hoch), Karl-Liebknecht-Straße 66, 04275 Leipzig
Druck:	tredition GmbH, Hamburg
ISBN Paperback:	978-3-948767-69-3
ISBN Hardcover:	978-3-948767-70-9

Bibliografische Information der Deutschen Nationalbibliothek: Die Deutsche Nationalbibliothek verzeichnet diese Publikation in der Deutschen Nationalbibliografie; detaillierte bibliografische Daten sind im Internet über http://dnb.d-nb.de abrufbar.

Vielleicht magst du das Buch
einfach irgendwo aufschlagen und dich
vom Tipp des Tages inspirieren lassen?

Vielleicht möchtest du einfach mal
was Neues ausprobieren?

Vielleicht regt dich die Frage unter dem Text
zum weiteren (positiven) Nachdenken an?

Vielleicht möchtest du es dir einfach mal
ab und zu gutgehen lassen.

*Dann nimm dieses kleine Büchlein als
Begleiter in eine glückliche Zukunft.*

Herzlich Willkommen zu Mellis Positiven Tipps!

Wäre es nicht toll, wir würden alle glücklich und zufrieden leben?
Es gäbe keinen Streit, keine Traurigkeit, keinen Kummer?

Leider ist das nur ein Traum – in der Realität haben wir mit Stress, Angst, Kummer,
Not und Wut zu tun – ABER ... es liegt in unserer Hand, wie wir damit umgehen.

Die junge Wissenschaft der POSITIVEN PSYCHOLOGIE zeigt uns Wege und Möglichkeiten
für ein glücklicheres, zufriedeneres und damit auch gesünderes Leben.
Dabei geht es nicht darum, alles durch die rosarote Brille zu betrachten, sondern darum,
den Fokus auf das Positive, das Gute im Schlechten und auf den Mehrwert zu legen.

In der heutigen Zeit haben die meisten Menschen nur noch wenig Zeit für Einkehr,
Muße und Selbsterfahrung. Und nur wenige haben den Mut zu großen Veränderungen.

Daher bieten wir hier kleine kurze Tipps, die jeder in seinen Alltag integrieren kann.
Sie haben keine bestimmte Reihenfolge und sind als Angebote zum Ausprobieren gedacht.

Das ist das Prinzip der POSITIVEN PSYCHOLOGIE: Mit vielen kleinen positiven Interventionen
den Fokus im Gehirn zu verändern. Nach kurzer Zeit stellt sich ein besseres Gefühl ein
und so werden wir mit jedem positiven Tipp ein klein wenig glücklicher.

Viel Spaß beim Ausprobieren!

Glückstagebuch

Heute möchte ich dir eine Übung, eine Idee vorstellen, die ganz klassisch zur POSITIVEN PSYCHOLOGIE gehört und die zu den allerersten Übungen gehört, die entwickelt wurden. Es ist die Übung ‚three blessings‘. Sie heißt so, weil es im Deutschen kein gutes Wort dafür gibt. ‚To bless‘ bedeutet so viel wie ‚gesegnet sein‘ und es geht darum, jeden Tag drei Dinge aufzuschreiben, die gut waren, die mir gefallen haben, für die ich dankbar, für die ich gesegnet bin.

Nimm dir ein kleines Büchlein, am besten ein besonders hübsches, und dann schreib jeden Tag drei Stichworte von Dingen oder Situationen auf, die gut waren.

So ein kleines Büchlein kann man gut bei sich tragen, man kann natürlich auch jede andere Form von Tagebuch nehmen. Es geht darum, Dinge aufzuschreiben, die den Fokus auf das Gute richten wie zum Beispiel: „Ich habe die ersten Schneeglöckchen gesehen", oder: „Ich habe einen Parkplatz vor der Tür gefunden", oder: „Jemand Fremdes hat mich angelächelt". Das müssen keine weltbewegenden Dinge sein. Es geht darum, im Kopf den Fokus zu verändern und die vielen kleinen positiven Dinge wahrzunehmen. Nur dann kann sich unser Denken verändern, unser Immunsystem gestärkt und unsere Gesundheit besser werden.

Probier es einfach aus. Nutze dieses Mittel, um dich in einen guten Zustand zu bringen. Mach es für dich. Mach es abends mit deinen Kindern. Für Kinder ist das schon eine ganz tolle Sache. Die, die noch nicht schreiben können, sollen es einfach erzählen. Du legst dann für sie ein Büchlein an und das ist etwas ganz Wertvolles — für alle.

Du hast dann einen Schatz, den du immer wieder anschauen kannst, wenn es dir mal nicht so gut geht. Und das wird innerhalb einiger Wochen dein Gehirn auf das Positive trainieren und du fühlst dich jeden Tag noch ein bisschen glücklicher.

Was ist dir heute Gutes passiert?

Ein bisschen Hoffnung gibt es immer

Hoffnung braucht oft nur ein Fünkchen. Einen Funken Hoffnung.

Wieviel Hoffung hast du in schlimmen Momenten? Hoffung zu haben ist eine
unserer wichtigsten Fähigkeiten. Ist das nicht eine tolle Ressource?

Kennst du solche Momente, in denen es dir echt schlecht geht,
in denen du das Gefühl hast: ‚Aus dieser Situation komme ich nie wieder raus', oder:
‚Wie soll ich das machen?' – und plötzlich kommt von irgendwo ein Funke Hoffnung her.

Ganz bestimmt ist bei dir auch immer ein Funke Hoffnung da. In jedem von uns
steckt er irgendwo tief im Innern, aber manchmal versteckt er sich.
Und deshalb ist es ganz wichtig, dass wir uns daran erinnern, dass wir ihn haben.

**Gib die Hoffnung nicht auf! Grab sie aus! Du kennst die Hoffnung.
Erinnere dich an sie! Aktiviere deine Hoffnung!**

Denn ein Fünkchen Hoffnung ist immer da: So dass sich alles wendet,
dass es gut wird, dass du zumindest etwas daraus lernst.

Und du weißt ja, was mit Funken passiert.
Wenn man sie nährt, werden sie größer und das Feuer brennt.

Ich wünsche dir, dass du immer diesen Funken Hoffnung hast und dass du die Hoffnung
nie aufgibst und dass aus diesem kleinen Funken Hoffnung ein großes Feuer der Positivität,
der Freude, der Normalität, des Spaßes oder des Lernens wird.

Wo hast du schon mal Hoffnung gespürt?

Glücksbringer

Hast du Glücksbringer, die dich in einen guten Zustand versetzen?

Im NLP* nennen wir diese Dinge *Anker*. Gegenstände, die uns, wenn wir sie anschauen oder anfassen, mit einer bestimmten Situation, mit einem bestimmten Gefühl verbinden. Also ich habe ganz viele davon. Denn immer, wenn ich in einer guten Situation bin, neige ich dazu, mir etwas zu kaufen oder mir etwas mitzunehmen und oft kriege ich auch etwas geschenkt.

Zum Beispiel habe ich ein kleines Glücksschweinchen geschenkt bekommen, das ich vor einigen Jahren in meiner Heilpraktikerprüfung bei mir hatte. Und eine Kursteilnehmerin hat für mich einen Schutzengel selbergemacht und ihn mir geschenkt. Zudem habe ich eine kleine *Hexenfigur der positiven Energie*, die ich mir auf Teneriffa gekauft habe, weil sie mich angesprochen hat. Sie hat gesagt: ‚Nimm mich mit!'

Für verschiedene Situationen habe ich ganz unterschiedliche Glücksbringer. Ein paar Willow-Tree-Figuren, zum Beispiel den *Engel der Freundlichkeit*, habe ich überall verteilt — auch zuhause. Ein kleines Herz, das ich mir schön in die Hosentasche stecken kann, ist ebenfalls dabei. Gerne trage ich auch mein *think-positive-Armband*, das mich immer wieder daran erinnert, positiv zu denken.

Wichtig ist — und das ist der positive Tipp für dich — nutze kleine Dinge, die dich aufheitern, dir Mut machen, dich an etwas Schönes erinnern.

Meine Idee für dich: Schau doch mal, welche Glücksbringer dich umgeben. Welche kleinen Schätze versetzen dich in einen guten Zustand? Welchen Schatz kannst du zu deinem persönlichen Glücksbringer machen?

Was ist dein tollster Glücksbringer?

Du bist zauberhaft!

Du bist zauberhaft. PUNKT.

Wie gehst du mit Komplimenten um?
Was macht das mit dir, wenn ich zu dir sage: „Du bist zauberhaft"?
Kennst du das, wenn jemand zu dir sagt: „Das ist aber eine schöne Jacke",
und du sagst darauf so etwas wie: „Die war ganz billig", oder: „Ist schon ganz alt"?
Oder freust du dich darüber und sagst: „Ja danke, finde ich auch"?

Also mein positiver Tipp für dich heute ist:

**Erstens: Mache einem fremden Menschen ein Kompliment!
Vielleicht siehst du irgendwo ein nettes Video und schreibst was Schönes darunter oder
du triffst jemanden beim Einkaufen und sagst: „Dein T-Shirt gefällt mir", oder so etwas.**

**Zweitens: Mache einem dir bekannten Menschen ein Kompliment, jemandem aus
deiner Familie, einem Freund! Mache jemandem, den du gut kennst, ein Kompliment!**

**Und jetzt kommt Drittens, das Wichtigste: Achte darauf, wie du Komplimente annimmst.
Sammle Komplimente. Und wenn du selber welche bekommst, freu dich drüber!**

Es versetzt uns in einen guten Zustand und tatsächlich entsteht ein Dominoeffekt,
den wir auch bei der *Dankbarkeit* erleben. Wenn wir jemandem ein Kompliment machen,
fühlt sich derjenige gut und verbreitet das gute Gefühl weiter.

Das heißt, wenn du jetzt Komplimente verteilst, dann macht das nicht nur dich,
sondern noch viele andere glücklich.

In diesem Sinne denk dran: Du bist zauberhaft!

Welches Kompliment magst du am liebsten?

Kümmere dich gut um dich!

Bei einem Coach und Philosophen habe ich mal gelesen:
„Wenn du an einem Tag viel zu tun hast, beginne ihn damit,
dir die Hände und die Füße einzucremen".

Ich finde, das ist ein wunderbarer Tipp und mein positiver Tipp für dich heute ist:
Kümmere dich um dich selbst, sorge für dich, tue dir was Gutes!

Das kann das Händeeincremen sein: Nimm dir eine schöne Creme, creme dir
die Hände ein, ganz bewusst, ganz in Ruhe und starte danach in deinen Alltag.

Das kann auch etwas ganz anderes sein – vielleicht startest du deinen vollen „Stresstag"
mit einem besonders leckeren Cappuccino? Oder du liest in aller Ruhe ein Gedicht?
Du ziehst dir eine Tageskarte? Du meditierst?

Was auch immer dein Weg ist, kümmere dich gut um dich,
sorge für dich und starte mit Achtsamkeit in deinen Tag!

Was besonders Gutes tust du heute für dich?

Das Glücksglas

Wäre es nicht schön, wenn wir mehr von diesen wunderbaren, kostbaren
Glücksmomenten hätten, die uns immer mal wieder — manchmal unverhofft — begegnen?
Der Schmetterling, der vor uns landet, das Kind, das uns anlächelt,
die Sonne, die auf unsere Haut scheint oder das Gefühl, geliebt zu werden?

Wie können wir das Glück festhalten? Wie können wir es konservieren?
Dazu möchte ich dir eine Idee aus der POSITIVEN PSYCHOLOGIE vorstellen: DAS GLÜCKSGLAS.

Nimm ein besonders schönes, großes Glas mit Deckel. Wenn du magst, kannst du es mit einer
Schleife oder einem Anhänger verzieren. Oder du klebst bunte Glasaufkleber oder Smileys darauf.
Dann suchst du dir einen schönen Platz, wo dir das Glas immer ins Auge fällt.

**Nun kannst du dein Glücksglas nutzen, wie ein kleines Glückstagebuch: Immer, wenn dir
etwas Schönes passiert, schreibst du das auf einen Zettel und wirfst ihn in dein Glas.**

Wenn du dich über etwas freust oder für etwas dankbar bist,
nimmst du dir einen Moment Zeit zum Aufschreiben.

Mit der Zeit wird dein Glas immer voller! Suche dir einen geeigneten Moment, an dem du
deine Zettel noch einmal anschauen möchtest ... vielleicht Silvester oder dein Geburtstag?
Du kannst das Glücksglas auch nutzen, falls es dir einmal nicht so gut geht,
um dich wieder in eine bessere Stimmung zu bringen.

Du kannst auch ein Glas für die ganze Familie oder ein ganzes Team aufstellen,
so dass ihr gemeinsam Glücksmomente sammeln könnt. Dann könnt ihr bei einer Familienfeier
oder an Weihnachten oder beim Teammeeting alles lesen und euch so gemeinsam freuen.
Denn geteiltes Glück ist doppeltes Glück!

Viel Spaß beim Glücksammeln!

Was ist dein Lieblingsglücksmoment?

Entspannung

Wie entspannst du dich eigentlich?

Ich glaube, dass es in unserem Alltag ganz wichtig ist, Möglichkeiten zu finden, uns zu entspannen. Oft geht es in unserem Leben auf und ab und manchmal sind wir lange Zeit so sehr im Stressmodus, dass wir kaum Zeit finden, uns zu entspannen, unsere Akkus aufzufüllen und Energie zu tanken.

Es gibt verschiedene Wege, um Stress abzubauen, wie zum Beispiel Sport zu treiben. Stress bedeutet, der Körper stellt sich auf Kampf oder Flucht ein, er macht sich bereit, wegzulaufen oder körperlich irgendetwas gegen den Stress zu tun. In den meisten Fällen, in denen wir Stress haben, können wir genau *das* allerdings nicht.

Hier hilft **Bewegung**. Bewegung ist für den Körper ähnlich wie kämpfen oder flüchten. Das heißt, wenn wir im Stress sind, hilft es, erstmal eine kurze Bewegungseinheit einzubauen. Einfach mal vom Schreibtisch aufstehen, zweimal den Flur entlang laufen oder noch besser die Treppe rauf und runter. Wenn das nicht möglich ist, dann nimm einen Knautschball in die Hand.

Langfristig brauchen wir den Gegenpol: die **Ruhe**. Dafür gibt es so tolle Sachen wie Klangschalenmeditation oder -massage, bei denen man über die Vibration der Töne entspannt.

Ansonsten hilft Yoga oder autogenes Training oder in die Natur zu gehen. Ein Schaumbad mit schöner Musik oder meinetwegen mit einem Glas Rotwein.

Was ich dir ganz besonders ans Herz legen möchte, ist die **METTA-Meditation**. Sie ist relativ einfach mit vielen Wiederholungen. Wenn sie regelmäßig gemacht wird, verändert sich unser Stresshaushalt, unser Kreislaufsystem und die Haut verbessern sich, stressbedingte Symptome wie Kopf- und Rückenschmerzen verschwinden und wir fühlen uns insgesamt viel ausgeglichener.

Vielleicht hast du Lust, gegen Stress und zum Energietanken ein paar dieser Tipps auszuprobieren.

Wie entspannst du dich?

Sei mal unperfekt!

Ich habe ein Schaf, eigentlich eher ein Schäfchen.

Dieses Schäfchen ist eine Handpuppe. Ich habe es gekauft, weil es so aussieht wie es aussieht, nämlich ein bisschen hässlich, ein bisschen zerzaust, ein bisschen, naja, nicht so perfekt. Es hat kein schönes Fell, noch nicht mal eine richtige Farbe. Es ist kein weißes Schaf und auch kein schwarzes. Es ist grau und braun und straßenköterfarben.

Es ist nicht perfekt. Und genau deswegen liebe ich es besonders.

Kennst du das Gefühl: Du musst immer perfekt sein, immer alles perfekt machen? Wir haben in uns diese *inneren Antreiber*. Einen, der sagt: „Sei schnell". Einen, der sagt: „Mach es allen recht", und es gibt einen, der sagt: „Mach alles perfekt". Diese Antreiber sind schon ganz lange in uns, sie sind in unserer Kindheit und Jugend entstanden. Womit wir bisher gut durchs Leben kamen, hat sich verfestigt.

Tatsächlich kenne ich viele Menschen, besonders Frauen, die den Antreiber „Sei perfekt" haben. Und das setzt diese Menschen ganz oft unter Druck.

Vielleicht magst du mal überprüfen, ob es wirklich notwendig ist, alles hundertprozentig zu machen, oder ob nicht mal 80 Prozent ausreichen? Oder könntest du mal was abgeben? Viele sagen: „Naja, wenn ich es selber mache, dann weiß ich, es ist gut ist und es ist schnell und es ist richtig".

Mein positiver Tipp für dich heute ist: Sei ein bisschen wie dieses Schäfchen. So unperfekt, wie es ist, ist es wunderbar!

Genau das ist mein positiver Tipp für dich heute: Sei mal ein bisschen unperfekt!

In welchem Bereich kannst du unperfekt sein?

Genuss

Was ist für dich Genuss? Was genießt du besonders? Was genießt du im Moment besonders?

Für den einen ist Genuss ein Vollbad mit ganz viel Schaum und schöner Musik. Für den anderen ist Genuss ein schöner Strandspaziergang und für den nächsten ein leckeres Essen. Ich stelle dir eine Übung vor, bei der es um Genuss und Achtsamkeit geht, und die du ganz leicht zuhause nachmachen kannst.

Es gibt eine Menge tolle Früchte, also Himbeeren, Erdbeeren oder vielleicht auch eine leckere Blaubeere. Wenn du nicht so gerne Obst magst, dann kannst du was Herzhaftes nehmen, eine Salzbrezel, ein Stück Paprika oder Schokolade. Es geht darum, mit allen Sinnen wahrzunehmen, was du hier vor dir hast? Das heißt, du schaust dir erstmal genau an, wie das kleine Teil, das du in der Hand hast, aussieht.

Also zum Beispiel sieht die Blaubeere auf der einen Seite anders aus, als auf der anderen. Die Einkerbungen sind anders. Sie ist vielleicht ein bisschen glänzend oder matt. Wie schaut das, was du in der Hand hast, genau aus? Schau dir die Kernchen bei den Erdbeeren an und nimm sie genau wahr. Konzentriere dich nur auf deinen Sehsinn. Dann riech mal dran. Und dann schmeck mal. Du kannst ein kleines Stück abbeißen und dann noch mal schauen — Blaubeeren sind nämlich innen weiß und gar nicht blau.

Nimm dir ganz bewusst ganz viel Zeit zum Schmecken. Wie schmeckt es, wenn du eine Blaubeere, eine Erdbeere oder ein Stück Schokolade ganz bewusst wahrnimmst. Wie ist es mit der Schokolade, die ganz langsam in deinem Mund schmilzt? Du wirst feststellen, dass die Süße der Schokolade dann ganz besonders gut hervortritt und dass du gar nicht mehr so viel Schokolade brauchst.

Das ist eine wunderschöne kleine **Achtsamkeitsübung**, die du unbedingt mal ausprobieren solltest.

Was passiert mit deinen Geschmacksknospen? Was nimmst du wahr? Und wie verändert es deinen Blick auf die genossenen Lebensmittel?

Was kannst du genießen?

Dankbarkeit

Ich bin dankbar für ein genähtes Tortenstück aus Filz für einen Kinderkaufladen!
Dieses Tortenstück und viele anderen schöne Dinge, hat meine beste Freundin genäht,
weil ich eine Aktion ins Leben gerufen habe, um einen Kinderverein zu unterstützen.
Meine Freundin fragte, was sie tun könne? „Nähen kann ich. Ich näh dir Filzsachen
für deinen Kinderkaufladen, die du dann verkaufen kannst." Und dafür bin ich sehr dankbar.

Hab ich dir schon erzählt, dass Glückstagebuchschreiben Dankbarkeit ausdrücken kann?

Ich glaube, dass Dankbarkeit noch ein Stückchen weiter geht. Vielleicht magst du dir
morgens früh oder abends im Bett überlegen, wofür du an jedem Tag dankbar bist.

Ich bin dankbar für meine Familie, für meine Freunde – vor allem für meine Freunde, die nähen
können :D – und natürlich auch für alle anderen, die mich unterstützen und immer für mich da sind.
Ich bin dankbar dafür, dass ich ein Dach über dem Kopf habe, und dass ich einen Job habe,
den ich so gestalten kann, wie ich das möchte. Aber ich bin auch dankbar, wenn ich
einen Parkplatz vor der Tür kriege oder wenn meine Haare frisch gefärbt sind ...

Es ist wichtig, uns immer wieder bewusstzumachen, wofür wir dankbar sind.

Wofür bist du dankbar? Wofür bist du *grundsätzlich* dankbar?
Grundsätzlich sind wir dankbar für ein Haus, die Familie, die Gesundheit, die Freunde.
Wofür bist du *heute* dankbar? Und die besondere Herausforderung, wenn du dich
in einen guten Zustand versetzen willst, frag dich doch mal: „Wofür bin ich
morgen Abend dankbar ... oder am Sonntag ... oder nächste Woche?"

In der POSITIVEN PSYCHOLOGIE nennen wir das ‚*positive Prospektion*', das heißt, wir gehen
mit einem positiven Gefühl in die Zukunft. Unser Gehirn kann die Zeiten nicht unterscheiden
und denkt: „Sie ist gut drauf, also schicke ich gute Hormone raus", und da ist es egal,
ob das Gefühl gestern *war* oder gerade *ist* oder morgen *sein wird*.

Wofür bist du dankbar?

Natur

Als ich meine Ausbildung zur Trainerin der POSITIVEN PSYCHOLOGIE gemacht habe, hat uns unser Trainer Dr. Philip Streit einige Mini-PP-Interventionen vermittelt und eine davon lautet: ‚*Genieße die Natur*' – und genau das solltest du immer wieder tun.

In Japan ist das *der* neue Wellnesstrend und nennt sich *Waldbaden*. Eigentlich nichts neues, doch manchmal vergessen wir, wie erholsam und wie energiereich die Natur für uns sein kann.

Geh raus, an die frische Luft, in den Wald, geh ein bisschen spazieren, umarme Bäume, pflücke Blumen, tu das, was dir guttut und beachte die kleinen positiven Dinge.

Im Moment blüht es überall wie verrückt, es gibt überall kleine Blumen zu sehen, es gibt überall kleine Knospen zu entdecken und die ersten Maikäfer sind unterwegs.

Mein positiver Tipp für dich heute: Geh raus und genieße bewusst die Natur.

Was machst du in der Natur am allerliebsten?

Kreativität

Malst du gerne? Oder bastelst du gerne? Machst du Musik oder schreibst du Geschichten?

Der heutige positive Tipp für dich ist: Bleib oder werde kreativ, denn Kreativität ist ein sehr gutes Mittel, um Ressourcen aufzufüllen, um Stress abzubauen, um aufzublühen.

Also überleg doch mal, in welchem Bereich du kreativ werden kannst? Vielleicht kannst du besonders gut stricken oder du kannst besonders gut malen. Was ich so male, sind keine megadollen Kunstwerke, aber es macht mir Spaß und mir gefallen meine Bilder – eins hängt sogar in meinem Büro.

Vielleicht kannst du singen? Musizieren? Ein Buch schreiben? Vielleicht kannst du etwas ganz anderes, vielleicht ein Spiel entwickeln? Was kannst du im kreativen Bereich besonders gut?

Mein Tipp und meine Aufgabe für dich heute: Überlege dir, worin du besonders kreativ bist, was dir Spaß macht und was du mal wieder tun könntest? Und tue es!

Du wirst feststellen: Es macht dir richtig viel Spaß und es wird dir richtig guttun.

Wo schlummert deine Kreativität?

Positive Sprache

Wie reden und wie denken wir eigentlich? Wo fängt *positives Denken* an?

Unsere Sprache formt unsere Gedanken und unsere Gedanken formen unsere Sprache.
Das hat eine Wechselwirkung: Was wir *denken* und was wir *sprechen* wird zu unserem Gefühl.

Wenn ich sage: „Es geht mir schlecht", dann geht es mir schlecht.
Wenn ich jedoch sage: „Es geht mir nicht so gut", ist das der gleiche Inhalt,
ich habe aber eine andere Sprache benutzt. Und da unser Gehirn in Bildern denkt
und für das Wort ‚*nicht*' kein Bild hat, hört es nur: „Es geht mir gut".

Wir überlisten also unser Gehirn damit ein kleines bisschen.

Wir nennen das ‚*bewusstes Einsetzen von Negationen*'.
Also statt zu sagen: „Ich bin heute so müde", sagst du besser: „Ich bin heute nicht so wach".
Das macht etwas mit deinem Gehirn und verändert die Nervenbahnen.
Nach einer gewissen Zeit — das Gehirn braucht Übung — verändert sich dein Gefühlszustand.

Also achte auf deine Sprache. Wann benutzt du negative Worte?
Wann sagst du: „Ich bin schlecht drauf", und wann sagst du: „Ich bin nicht so gut drauf"?
Es ist erlaubt, nicht so gut drauf zu sein, doch allein mit der Sprache änderst du
das schon ein bisschen. In diesem Sinne: „Think positive".

Wann benutzt du schon positive Sprache?

Singen

Sing doch mal!

Selbst wenn du nicht singen kannst, so wie ich. Wenn wir singen, ist nämlich unser Gehirn so mit Singen beschäftigt, dass es gar keine Gelegenheit hat, Angst zu haben.

Deshalb haben wir früher gesungen, wenn wir in den dunklen Keller mussten. Meine Oma hatte so einen unheimlichen Keller – der war dunkel und voller Spinnen – und wenn ich da runter musste, dann habe ich immer gesungen.

Probier es aus, wenn du dich fürchtest oder unwohl fühlst.

Wenn wir singen, haben wir keine Angst mehr. Denn unser Gehirn kann nicht gleichzeitig singen und Angst haben. Das Singen ist ein wunderbares Antidot, also ein Mittel, das gegen alles Mögliche hilft.

Mein positiver Tipp für heute: Sing doch mal!

Und was ist dein Lieblingslied?

Man darf auch mal jammern

Heute möchte ich gemeinsam mit dir darüber nachdenken, ob wir immer und überall gut drauf sein müssen? So wie ich es hier mit meinen positiven Tipps aufzeige?

Ich glaube NEIN.

In der POSITIVEN PSYCHOLOGIE richten wir unseren Blick immer dahin, wo wir hin wollen. Wenn wir gerade in einer Krise stecken, sind wir in einer Veränderung, in einer schlechten Zeit, doch es wird wieder vorbeigehen und wir gucken dahin, wo wir hin wollen.

Es gibt viele positive Tipps, die dir helfen, wieder in einen positiven Zustand zu kommen, um nicht in so eine Depri-Stimmung zu verfallen. Das heißt nicht, dass du nicht mal heulen darfst, dass du nicht mal jammern darfst, dass du nicht mal Angst haben darfst.
Auch ich heule, auch ich jammere, auch ich habe unglaubliche Angst. Ehrlich gesagt hilft es nicht. So heule, jammere, hab Angst und danach rappel dich auf und mach weiter und sieh nach vorne.

Schau immer wieder nach vorne, guck immer wieder, wo das Gute ist.

Verleugne deine negativen Gefühle nicht, denn die dürfen sein, aber steigere dich nicht rein. Mach aus Angst keine Panik. Angst darf sein. Panik macht uns krank, schwächt das Immunsystem. Es ist wichtig, Hoffnung zu haben, immer wieder an das Gute zu glauben, und den Fokus darauf auszurichten. Bleib optimistisch! Lächele, bring dich immer wieder in einen guten Zustand!

Heul und tob und schrei, aber dann ... dann steh wieder auf!

Wann ging es dir schon mal richtig schlecht und nach dem Jammern besser?

Stärken stärken

Was macht uns eigentlich stark?

Ah, ich weiß: Powerriegel! Energiedrinks! Davon gibt es ja eine ganze Menge auf dem Markt. Sie sollen uns stark machen, Energie liefern. Aber ist es das, was uns wirklich stark macht? Ich glaube nicht. Was uns wirklich stark macht, sind unsere eigenen Stärken.

Wir alle haben bestimmte Fähigkeiten, bestimmte Stärken, bestimmte Dinge, die wir besonders gut können. Und was tun wir damit? Wir stärken die Stärken!

In der POSITIVEN PSYCHOLOGIE geht es nie darum, auf Fehler oder Schwächen zu gucken. Wir nutzen unsere Stärken, um unsere Schwächen zu mildern. Das Motto ist: **Stärken stärken stärkt.**

Eine meiner Stärken ist Kreativität. Sie hilft mir in Situationen, in denen ich schwach bin. Zum Beispiel: Wenn ich ein Seminar halte und der Film läuft, aber der Ton nicht, dann könnte ich denken: ‚Scheiße, es funktioniert alles nicht. Ich kann das nicht, für Technik bin ich zu blöd." Aber ich denke genau das Gegenteil und sage: „Tschacka! Irgendwie regel ich das jetzt!" Und dabei hilft mir meine Kreativität: Dann lass ich entweder den Ton über das Handy laufen, zeige den Film später oder ich erzähle, was da passiert. Oder ich hole jemanden, der das löst.

Mit Hilfe der Kreativität haben wir Zugriff auf Ideen und genau darum geht es.

Mein positiver Tipp für dich: Was sind deine herausragenden Stärken? Benenne mindestens drei!

Wenn du deine Stärken notierst und sie somit vor Augen siehst, dann überleg noch weiter, wie du diese Stärken einsetzen kannst, um Eigenschaften, die du fördern möchtest, weiter zu stärken!

Was ist deine stärkste Stärke?

Mach es wie die Sonnenblume

Meine Lieblingsblume ist die Sonnenblume.
Ich liebe ihre Farbe, ihre Ausstrahlung, ihre Haltung, die Felder – einfach alles!
Und was ist das Besondere an der Sonnenblume? Sie wendet ihren Kopf,
weg vom Schatten, hin zur Sonne. Die POSITIVE PSYCHOLOGIE nutzt genau das!

„Mach es wie die Sonnenblume!"
Der alte Spruch fordert uns auf, unsere Resilienz* zu nutzen.

Wenn du in den Schatten kommst, wenn dir etwas passiert, was gerade nicht so gut ist,
wende deinen Blick, ändere deine Perspektive, so dass der Schatten hinter dich fällt.
Es liegt ganz oft in deiner Hand und das Gute ist, dass wir das stärken und fördern können.

Mein positiver Tipp für dich heute: In dunklen Situationen verändere dich!

Oft können wir an einer Situation nichts ändern, aber wir können uns und unserer Haltung ändern!
Also, verändere dich, mach es wie die Sonnenblume, wende dein Gesicht der Sonne zu, damit der
Schatten hinter dich fällt. In diesem Sinne wünsche ich dir ganz viel Sonne in deinem Leben.

*In welchen Situationen kannst du
dein Gesicht der Sonne zuwenden?*

Resilienz: Die Fähigkeit, Krisen zu bewältigen und sie als Anlass für positive Entwicklungen zu nutzen.

Perspektivenwechsel

Vielleicht kannst du dir einmal vorstellen, wie ich auf dem Boden sitze
und nicht wie sonst am Schreibtisch – und diesen positiven Tipp für dich schreibe!
Denn heute geht es darum, die Perspektive zu wechseln.

Manchmal ist es so, dass wir in unseren Mustern so eingefahren sind,
dass wir vor lauter Wald die Bäume nicht mehr sehen und
nicht mehr wahrnehmen, was links und rechts ist.

Wenn ich nur ein bisschen von oben nach unten rutsche,
habe ich schon eine neue Perspektive und nehme Dinge anders wahr.
Das ist gut, wenn wir neue Einblicke, neue Ideen brauchen,
wenn wir ein bisschen Kreativität in unserem Leben benötigen.

Die Perspektive zu verändern kann heißen:
Setz dich morgens beim Frühstück mal auf einen anderen Stuhl.
Iss mal etwas anderes, putz dir die Zähne mit der anderen Hand, fahr einen anderen Weg
zur Arbeit. Setz dich nicht auf deinen Schreibtischstuhl, sondern auf einen Gymnastikball
oder leg dich in die Hängematte – Was auch immer dir einfällt: Verändere es ein wenig.

Mein positiver Tipp für dich heute ist: Probiere in den nächsten Tagen neue Perspektiven aus.

Neue Perspektiven, neue Wege, neue Ideen. Du wirst bemerken, dass es deine Kreativität anregt,
dass du neue Ideen hast und dass es dich wieder beweglicher macht. Das ist gut für dein
Immunsystem, gut für deine Gesundheit und all das ist gut, um glücklich zu sein.

Wo kannst du eine neue Perspektive einnehmen?

Die Summe der Menschen

Ein weiser Mann hat einmal gesagt:
„Du bist die Summe der fünf Menschen, mit denen du die meiste Zeit verbringst."

Was genau steckt dahinter? Die Menschen, mit denen wir viel zu tun haben,
färben in ihrem Verhalten, in ihren Eigenheiten auf uns ab.

Ich glaube ja, dass fünf Menschen nicht ausreichen ... ich glaube, dass ich ein bisschen
von der Lebensfreude meiner Tochter und ein bisschen von der Treue meines Sohnes habe,
ein bisschen von der unerschütterlichen Zuversicht meiner Assistentin, von der einen
Freundin Verrücktheit, von der anderen Neugier und Engagement und von der dritten Geduld.
Und sicher hab ich noch von vielen anderen Menschen, die mich umgeben, Anteile in mir.

Weil diese Anteile der Menschen, die uns umgeben, ein Teil von uns werden,
ist es ganz ganz wichtig, sich mit den richtigen Menschen zu umgeben.

**Und das ist mein positiver Tipp für dich heute: Umgib dich mit den Menschen, von denen
du etwas Gutes übernehmen kannst. Umgib dich nicht mit Menschen, die dir schaden.
Halte dich von Menschen fern, die dir nichts Gutes wollen, begib dich in ein gutes Umfeld.**

Schau genau hin, mit wem du dich umgibst und umgib dich mit den Richtigen.

Mit welchen Menschen umgibst du dich?

Gib dein Bestes!

Heute erzähle ich dir eine Geschichte, eine Geschichte über Seesterne.

Nach einem Sturm waren ganz viele Seesterne an einen Strand gespült worden und ein kleiner Junge fing an, die Seesterne aufzusammeln und sie einzeln wieder ins Meer zu werfen. Der ganze Strand war voller Seesterne, Tausende und Abertausende. Da kam ein Mann vorbei und sah, was der Junge machte und wie er sich bemühte, die Seesterne zu retten. Er sagte: „Lass das mal mit den Seesternen. Das sind so viele, das schaffst du sowieso nicht." „Ja", sagte der kleine Junge, „ich weiß, dass ich sie nicht alle retten kann. Aber für jeden einzelnen, den ich rette, bedeutet es die Welt."

Was will ich dir damit sagen? Was ist der positive Tipp für heute? Du kannst sie nicht alle retten. Aber wenn du einen rettest, einem Freund hilfst, einem Menschen, der dir anvertraut ist, etwas Gutes tust, dann hast du genug getan. Du musst nicht alle retten. Du musst nicht allen genügen. Es ist gut so wie du bist.

Und der eine kleine Seestern, dem du hilfst – für den bedeutet es die Welt.

Welchem kleinen Seestern hast du schon geholfen?

Umgib dich mit Tieren!

Was machen eigentlich Tiere mit uns?

Machen Tiere uns glücklich und was passiert, wenn wir mit Tieren zu tun haben?

Tatsächlich ist es so, dass in unserem Hormonsystem etwas passiert, wenn wir ein Tier streicheln. In unserem Gehirn wird dann eines der Glückshormone ausgeschüttet und zwar das *Oxytocin*. Das Oxytocin ist ein Bindungshormon, was uns glücklich macht und uns verbunden fühlen lässt. Es wird unter anderem beim Stillen ausgeschüttet. Wenn es ausgeschüttet wird, haben wir ein Gefühl von Zugehörigkeit, von Geborgenheit, es geht uns einfach besser. Es wird ausgeschüttet, wenn wir Körperkontakt mit einem Menschen haben, wenn wir jemanden in den Arm nehmen oder wenn wir jemanden küssen.

Ebenso, wenn wir ein Tier streicheln. Und jetzt kommt's: Bei dem gestreichelten Tier wird das Oxytocin ebenfalls ausgeschüttet und es geht ihm besser!

Tiere beruhigen uns, Tiere lenken uns ab, sie bereiten uns Spaß und tragen ganz viel zu unserem Wohlbefinden bei. Wir wissen, dass sich das Sozialverhalten stark verbessert, wenn ein Tier in einer Gruppe ist, zum Beispiel in einer Schulklasse oder einer Kindergartengruppe.

Mein positiver Tipp für dich heute: Umgib dich mit Tieren!

Vielleicht hast du selber ein Tier oder geh in die Natur und triff die Tiere dort: Beobachte Eichhörnchen und Vögel, geh zu Weiden und guck dir Kühe und Pferde an.

Nutze die Kraft der Tiere.

Was ist dein Lieblingstier?

Du bist genug!

Bin ich eigentlich genug?

Kennst du das? Das Gefühl, alle anderen leisten mehr als du, sind schöner als du, sind schlanker als du, sind schlauer als du und das, was du *bist*, ist nicht genug? Ich kenne solche Momente. Ich denke dann, die anderen sind schöner als ich, sind schlanker als ich und überhaupt ... ich kann noch nicht genug.

Kennst du solche Momente?

Immer mal wieder haben wir solch einen Moment.
Ein Grundsatz der POSITIVEN PSYCHOLOGIE lautet: Hör auf zu vergleichen!

Es wird immer Menschen geben, die besser sind als du, die schöner sind als du, die schlauer sind als du, die schlanker sind als du — und das ist völlig egal!

Du bist *du* und du bist genug.

Mein positiver Tipp für dich: Hör auf, dich mit anderen zu vergleichen, denn du bist ausreichend, du bist genug!

Was findest du an dir besonders gut?

Äußere deine Bedürfnisse!

Ich erzähle dir mal eine Geschichte.

„Es herrscht Aufruhr im Wald, denn es geht das Gerücht um, dass der Bär
eine Todesliste hat. Alle Tiere sind vollkommen in Panik und wissen gar nicht genau,
was passiert, denn immer wieder verschwinden auch mal Tiere.
Eines Tages überlegen sich die Tiere: „Vielleicht fragen wir ihn einfach mal!"
Ganz mutig geht der Hirsch zum Bären und fragt: „Bär, stehe ich auf deiner Todesliste?"
Der Bär antwortet: „Ja." Am nächsten Tag ist der Hirsch tot.
Der Fuchs geht zum Bären und fragt: „Bär, stehe ich auch auf deiner Todesliste?"
Und der Bär antwortet: „Ja." Am nächsten Tag ist der Fuchs tot.
Dann fasst sich der kleine Hase ein Herz, geht zum Bären und fragt:
„Bär, stehe ich auch auf deiner Todesliste?" Der Bär antwortet: „Ja."
Der kleine Hase nimmt all seinen Mut zusammen und sagt:
„Kannst du mich streichen?" Der Bär antwortet: „Ja."

Was will ich damit sagen? Nur sprechenden Menschen kann geholfen werden!

Mein positiver Tipp: Wenn du ein Bedürfnis hast, wenn du eine Frage hast, dann sprich es aus.
Schluck nicht alles runter, sondern äußere deine Bedürfnisse, geh damit an die Öffentlichkeit.
Sei laut und steh für das ein, was dir wichtig ist!

Wem möchtest du mal laut sagen, was du wirklich brauchst?

Über die Autorin

Melanie Reißig, geb. 1969, lebt bei Wuppertal,
ist verheiratet, hat zwei Kinder und drei Hunde.

Sie ist Heilpraktikerin für Psychotherapie
und Trainerin für POSITIVE PSYCHOLOGIE.

Seit vielen Jahren bildet sie im eigenen Institut
Coaches, Therapeuten und Pädagogen aus. Ihre Schwerpunkte
sind neben der POSITIVEN PSYCHOLOGIE das Kindercoaching,
Systemik, Kommunikation, NLP und Traumatherapie.

Es ist ihre Mission, den Menschen den positiven Fokus
nahezubringen. Denn der Blick auf das POSITIVE
ist in der heutigen Zeit besonders wichtig.

Zeitfracht Medien GmbH
Ferdinand-Jühlke-Straße 7
99095 Erfurt, Deutschland
produktsicherheit@kolibri360.de